FACTUMS NORMANDS

CONSERVÉS A LA BIBLIOTHÈQUE NATIONALE.

PAR

CH. PATEY

CAEN

IMPRIMERIE SPÉCIALE, RUE SAINT-PIERRE, 102

1888

FACTUMS NORMANDS

FACTUMS NORMANDS

1. — Factum pour Dom Tanneguy d'Oillen-sou, Prestre, Religieux Profez, et Baillit de l'abbaye de Sainct-Estienne de Caen, Prieur du Prieuré de Septvants, demandeur, contre Dom Ant. de la Croix, defendeur... s. l. n. d. (1617), in-4° de 4 pag.. 4° F. 3, 30864.

2. — Factum pour M° Pierre de Bernieres, Conseiller du Roy, Président et Thresorier ge-neral de France au bureau des finances à Caën... 1625... contre M⁰ Gedeon de Boëthze-ler, baron de Languerac. . s. l. n. d, in-4° de 8 pag. (1625). 4° F. 3, 2701.

3. — Sommaire du procez d'entre Gaspard Blondel, Escuyer Sieur de Bavent, deman-deur... contre maistre Jacques Blondel, es-cuyer, son frère, sieur de Tilly, lieutenant par-ticulier civil et criminel au Bailliage... de Caen, s. l. n. d., in-4° de 7 pag. (1626?). 4° F. 3, 3215.

4. — Factum pour Messire Gedeon de Boet-zeler et Dasperan, Baron du Sainct Empire, de Languerac et de Louvigny... contre Maistre Pierre de Bernieres, Trésorier de france en la Généralité de Caen, deffendeur, s. l. n. d., in-4° de 10 pag. (1628?). 4° F. 3, 3280.

5. — Factum pour Maistre Louys Maunourry prestre cure d'Amblainville, demandeur en ad-journement en vertu du mandement de la Cour incidamment appelant du Bailly de Caen à Fallaize, contre Maistre René Derard... s. l. n. d., in-4° de 4 pag. (1631). 4° F. 3, 21144.

6. — Sommaire de l'instance pendante au Conseil privé du Roy, entre les Associez en la Compaguie de la Nouvelle France, défendeurs, et le Sieur Guillaume de Caën, demandeur en requeste du 1er Décembre 1634, s. l. n. d., in-4° de 8 pag. (1633). 4° F. 3, 23255.

7. — Factum du procez de Maistre François Boscher, prestre curé de Sainct Jean de Mo-rieres, inthimé, contré Maistre Fr. Lemery, prestre curé de Courcy... et M° Jean Bachelé, prestre curé de Canon, appelans du Baillif de Caen... s. l. n. d., in-4° de 8 pag. (1637?). 4° F. 3, 3652.

8. — Factum du Procez d'Entre Dom An-thoine de la Croix, ancien religieux de l'ab-baye Sainct Estienne de Caen, deffendeur, contre Tanneguy Doleançon... s. l. n. d. (1640), in-4° de 4 pag. 4° F. 3, 16816.

9. — Responses aux principalles objections faites par le sieur de Croismare, pour le Sieur de Boisollivier, défendeur, contre ledit sieur de Croismare, demandeur. (Suppression de la Cour des Aydes de Caen et réunion d'icelle à celle de Rouen) s. l. n. d., in-f° de 8 pag. (164¹). f° F. 3, 1694.

10. — Factum, pour Dom Jean Vauquelin, Religieux du Prieuré de S. Vigor le grand, Ordre de S. Benoist, Maistre aux Arts et Gra-

dué, nommé sur l'Abbaye S. Estienne de Caen.. contre Dom Charles Fortin, Religieux... s. l. n. d. (1643), in-4° de 4 pag.. 4° F. 3, 32161.

11. — Sommaire de l'instance pendante au Conseil, entre Dame Elizabeth Angélique de Vienne, Dame de Boudeuille, prop⁰. des Ser-genteries de la ville et Banlieue de Caen, ap-pellé le Fief du Plaid de l'Espée... Contre Gilles Blascher... S. l. n. d. in-1° de 8 pag. (1643?). 4° F. 3, 3776.

12. — Factum, pour Monsieur le cardinal de Lyon, abbé de Sainct Estienne de Caën, deman-deur .. Contre Domp Pierre Mabrey, religieux de la dite Abbaye de Sainct Estienne, et soy disant Prieur du Prieuré de Sainct-Léonard. S. l. n. d. (1649) in-4° de 7 pag.. 4° F. 3, 29074.

13. — Factum, pour les Prestres de l'Ora-toire de Caen, demandeurs pour l'ouverture des canaux, ou cours d'eau.. ont accoustume de fluer dans la Rivière d'Oulne, contre Les Dames Supérieure et Religieuses, Carmelites dudit Caen... Sig. M. de la Bretonnière, s. l. n. d. in-4° de 5 pag. (1650?). 4° F. 3, 4909.

14. — Factum pour André Negrier Escuyer, Conseiller du Roy, Visbailly au Bailliage de Caen, deffendeur, contre Joachim Dollebel, dit Trungy, demandeur. S. l. n. d. (1651) in-4° de 3 pag.. 4° F. 3, 230¹8.

15. — Factum pour Charles Helouin Escuyer sieur de Reuilly, deffendeur et demandeur, contre Nicolas Helouin Escuyer sieur du Boccage son frère Trésorier de France à Caën, demandeur... S. l. n. d. in-4° de 3 pag. (1653). 4° F. 3, 15,257.

16. — Factum pour Thomas et Jean Carbon-nel Marchands, Bourgeois de la ville de Caen, deffendeurs, contre Guillaume Blaschefort l'aisné, Marchand Bourgeois de ladite ville de Caen... S. l. n. d. in-f° de 4 pag. (1656). f° F. 3, 2762.

17. — Factum, véritable contenant sommai-rement le subjet, les demandes, deffenses et repli-ques du proces prest à juger en la troisième chambre des Enquestes du Parlement de Paris qui dure depuis 66 ans. Pour Pierre Lemoul-nyer... contre Dames. Charlotte, Catherine et Magdeleine Dufresne femmes de Jacques Le-noi escuyer trésorier de France à Caen... S. l. n. d. (1663) in-f°, de 15 pag. f° F. 3, 959.

18. — Factum, pour Jacques de Courcy Es-cuyer sieur de Vielfumé, Major des Ville et Chasteau de Caen, demandeur, contre les Maire et Eschevins de ladite Ville, deffendeurs. Signé M. de Saint-Cotez. S. l. n. d. in-f° de 3 pag. (1666). f° F. 3, 1461.

19. — Factum, Pour Maistres Jean Eudes Prestre, supérieur des Seminaires établis dans les Villes de Caen, Rouën, Coustances, Lizieux, Evreux et Rennes Appellant, contre Maistre

Armand Poitevin, prestre curé de la Paroisse de S. Josse de cette ville de Paris ; et les Marguilliers de la même Eglise, Intimés. S. l. n. (1670) in-f° de 3 pag.. f° F. 3, 5776.

20. — Genealogie... Le Petit... Factum, pour messire Pierre Louis Le Petit, chevalier, Seigneur des Ifs... contre Messire J.-P. le Petit... (Terres de la Landes le Goust... et cent livres de rente auxBénédictines de Çaen). S. l. n. d. in-4° de 10 pag. (1678). 4° F. 19023.

21. — Factum pour Pierre Cally, prestre, principal, du college des Arts de l'Université de Caen, contre Marin Le Verrier, régent. Signé M. Macé l'Aisne. S. l. n. d. in-4° de 4 pag. (1679?). 4° F. 3, 5 46.

22. — Requeste à Monsieur le Baillif de Caën, ou son Lieutenant, Juge conservateur des Privilèges Royaux de l'Université dudit lieu... (Affaire Cally). S. l. n. d., in-4° de 15 pag. (1679?). 4° F. 3, 5047.

24. — Réponse des sieurs prieur, Doyens et professeurs des Facultés des Droits de l'Université de Caen, au second Factum de Gabriel Marye, Greffier de leurs Facultés. S. l, n. d. in-f° de 8 pag (1679). f° F. 3, 2632.

24. — Réplique que donne Gabriel Marie, Prêtre, Greffier de l'Université de Caen, à la réponse que les professeurs de Droit ont fait à son Factum, présenté à Monseigneur Foucault, Intendant en la Généralité de Caen. S. l. n. d. in-4° de 20 pag. (.682). 4° F. 3, 20.01.

25. — Factum, pour Nicolas du Bourget, Escuyer, sieur de Chaulieu, deffendeur, contre Estienne de la Roque, sieur de Bernieres, Trésorier de France, en la Généralité de Caën... 1683. S. l. n. d. (1684), in-f° de 4 pag . f° F. 3, 5159.

26. — A Monseigneur de Barillon Morangis, chevalier, conseiller du Roy en tous ses conseils, Maistre des Requestes ordinaire de son Hôtel, Intendant de Justice, Police et Finances, en la province de Normandie, pour la Généralité de Caen.Les conseillers secrétaires... Fait à Caen, 22 novembre 1685. S. l. n. d., in-f° plano, f° F. 3, 15590.

27. — Raisons que peut avoir la Faculté de Droit de Paris, pour ne pas admettre le sieur Mulzard aux degr. z. (Faculté de Droit de Paris et Faculté de Théologie de Caen.) S. l. n. d. (168*), in-f° de 6 pag.. f° F. 3, 13031.

28. — Mémoire pour Dame Marie Du Molinet, veuve Loüis de Braux, sieur de Clamanges, demanderesse, contre les sieurs Directeurs des créanciers de René de Larré, Receveur général des Finances à Caën. S. l. n. d (1691), in-f° de 6 pag. f° F. 3, 2206.

29. — Factum pour la Faculté de Théologie de l'Université de Caen. S. l. n. d. (1696), in-f° de 7 pag . f° F. 3, 2631.

30. — Factum pour Maître Odet Le Fevre, Prêtre du Séminaire, docteur et professeur ordinaire en la Faculté de Théologie de l'Université de Caen, appelant de sentence rendue au Bailliage [dudit lieu, contre les sieurs Malouin... S. l. n. d., in-4° de 15 pag. (1696). 4° F. 3, 18550.

31. — Recueil de plusieurs Actes des Universitez de Caen et de Paris, qui sont produits au Procez que l'Universitez de Caen soutient au Parlement de Normandie, contre M. Odet le Fevre. S. l. n. d. (1696), in-4° de 8 pag.. 4° F. 3, 32229.

32. — Réponse de Gabriel Marie au second Factum des Professeurs de Droit, qu'ils n'ont pas rendus encore public par l'impression. (Université de Caen.) S. l. n. d. in-4° de 15 p. (1696). 4° F. 3, 20702.

33. — Factum présenté à Monseigneur Foucault, Intendant en la Généralité de Caen, pour l'instruire de ce qui fait le Procez entre les Docteurs Professeurs des Droits, Gabriel Marye... S. l. n. d. (1697), in-4° de 12 pag. et une note manuscrite de 6 pag. 4° F. 3, 33222, n° 31.

34. — Factum pour la Faculté de Théologie de l'Université de Caën. S. l. n. d., in-4° de 20 pag. (1697). 4° F. 3, 11880.

35. — Réponse des sieurs Prieurs, Doyens et Professeurs ès Droits de l'Université de Caen, au Factum présenté à Monseigneur Foucault, Intendant en la Généralité dudit Caen, par M° Gabriel Marye, greffier desdites Facultés, et signifié ausdits Professeurs le 18 Novembre 1697. S. l. n. d. in-f° de 8 pag. (1697). f° F. 3, 2633.

36. — Pièces Justificatives de ce qu'on a Avancé dans le Factum du s° le Févra, prêtre du Séminaire de Caen, Docteur et Professeur en Théologie en l'Université de ladite ville. Election du Sieur le Févre pour une chaire de Théologie en l'Université de Caen. S. l. n. d. in-4° de 22 pag. (1697). 4° F. 3, 18550 n° 1 et 18551.

37. — Factum pour M° Odet Le Febvre, prêtre du Séminaire de Caen, Docteur et Professeur de Théologie en l'Université de Caen. Apelant de Sentence rendue par le bailli de Caen ou son Lieutenant le 21 Juin 1696, et entant que besoin d'un Acte de la Faculté de Théologie du 17 septembre 1658, contre Maître Jacquer Malouin, principal du collége du Bois... S. l. n. d. (1698) in-f° de 21 pag. f° F. 3, 9341.

38. — Suite du précédent Factum. Le sieur de Saint-Martin... (Ville de Caen). S. l. n. d. (16...) in-4° de 4 pag. 4° f. 3, 29109.

39. — A Monsieur le Bailli de Caen ou Monsieur son Lieutenant général criminel au lieu. (Madame de La Luserne.) S. l. n. d. (1703) in-f° de 8 pag. f° F. 3, 8443.

40. — A Monsieur le Bailli de Caen, ou Monsieur son Lieutenant général criminel au lieu. (Madame de La Luserne.) S. l. n. d. in-f° de 4 pag. (1703). f° F. 3, 8444.

41. — Réponse aux réflexions que le pere Feret a faites sur le Monitoire que les S° héritiers de la dame de la Luserne ont fait publier.

(Paroisses de Caen. (S. l. n. d. in-f° de 24 pag.)
(1703). f° F. 8442, n° 1 et 8444.

42. — La Jurisprudence des Arrests touchant des Dépôts confiés par des personnes mourantes à leurs Confesseurs sous la foi du secret. (Madame de La Luserne Caen). S. l. n. d. (1705) in-f° de 4 pag.. f° F. 3, 8442.

43. — Relation simple et fidelle de ce qui se passa dans l'abbaïe de St-Estienne de Caen, Diocèse de Bayeux, au sujet des Theses de Théologie... 1706... (Manuscrit,) in-f° de 10 pag. (1706). f° F. 3, 2624, n° 1.

44. — Les Pères Benedictins de la Congrégation de St-Maur en l'Abbaye de St-Estiene de Caen, aggregez à l'Université de la ville... theses de Théologie... (Manuscrit,) in-f° de 4 pag. (1706). f° F. 3, 2624, n° 2.

45. — Arrest du Parlement de Normandie (entre Claude François de Marguerie, Seigneur et Comte de Vassy;... succession de la feüe Dame Marquise de la Luzerne). Caen. Ant. Cavelier (1707), in-f° de 3 ; ag.. f° F. 3, 17326, n° 15.

46. — Mémoire, pour Jean Philbert et Jean Dieu, Appelans d'une Ordonnance de Monsieur l'Intendant de Caen, du 12 Novembre 1710. Contre Jacques Vaultier et consors, Sous-Fermiers des Inspecteurs aux Boucheries de la Généralité de Caen. Intimez. S. l n. d. in-f° de 4 pag. (1708). f° F. 3, 13140.

47. — Factum pour Nicolas Olivier, Sieur de la Magnanière, bourgeois de la ville de Caen, Appellant et Deffendeur. Contre les Habitants et Collecteurs des tailles de la Paroisse de Melleray. S. l. (Paris), Imp. de P. A. Le Mercier. (1709), in-f° de 4 pag.. f° F. 3, 12101.

48. — Factum pour Jean-Bapt. Cleret, Appe, lant de l'Ordonnance de Monsieur de la Briffe Intendant à Caen, du 12 novembre 1710, contre Jacques Vaultier... S. l. n. d. in-f° de 4 pag. (1710). f° F. 3, 3681.

49. — Factum, pour les Maîtres Vinaigriers de la ville de Caen, contre Olivier Mareschal, demeurant en la paroisse de Sainte-Paix. S. l. n. d. (1712), in-f° de 8 pag.. f° F. 3, 2630.

50. — Mémoire Sommaire, pour les Maîtres Cuisiniers-Rôtisseurs de la ville de Caen, demandeurs, contre les Maîtres Pâtissiers de la même ville, défendeurs. S. l. (Paris), Imp. de la vᵉ Grou, s. d. (1714?) in-f° de 3 pag.. f° F. 3, 2627.

51. — Mémoire pour les Epiciers, Ciriers, Confiseurs de la ville de Caen, contre les Patissiers de la même ville. S. l. n. d. in-4° de 4 pag. (1714?) 4° F. 3, 11615.

52. — Mémoire, pour Messire Jean-Bapt.-Thimoleon de Chahveau, Billiad Ripault, Seigneur d'Anzan, de la Motthe... contre François de Montaubon, à l'émancipation de Michel Guchery demandeur (à Caen). S.l.n.d. (Paris), Imp. de la vᵉ Grou. in-f° de 16 pag. (1715), f° F. 3, 3010..

53. — Factum, pour les Maistres et Gardes des Chandeliers, Graissiers, Beurriers et Echopiers de la ville de Caen, deffendeurs, contre les Maistres Beuriers, Potiers et Croquetiers de la même ville, demandeurs. S. l. n. d. (1715), in-f° de 7 pag.. f° F. 3, 2626.

54. — Mémoire pour Alexandre, François et Conseiller-Secrétaire du Roy. Maison-Couronne de France et de ses Finances, et Receveur Général des Finances en la Généralité de Caen, demandeur. Contre les nommés Bidault, Delatour, de Beaucoudré, Le Pailleur, Le Cordier, de la Porte, Champin et Martin Descoties, deffendeurs. S. l. (Paris), Imp. de la Vve Le Febvre (1716), in-f° de 4 pag.. f° F. 3, 14587.

55. — Mémoire pour Pierre Rollée, et Jacques Bidaut, père et fils, défendeurs et demandeurs en cassation. Contre Pierre Rollée, Secrétaire du Roy, Receveur General des Finances de la Genéralité de Caen... S. l. n. d., in-f° de 4 pages (1716). f° F. 3, 1463.

56. — Factum, pour les Maistres et Gardes de la Communauté des Marchands Merciers, Fayanciers de la ville de Caen, deffendeurs. Contre les Gardes du Métier de Pannetier de la même ville. S. l. (Paris), Imp. de J.-Fr. Knapen (1716, in-f° de 8 pag.. f° F. 3, 2628.

57. — Mémoire, pour les Religieux de l'Abbaye de Saint-Etienne de Caen, et Mᵉ Pierre Panchon, par eux présenté à la cure de Saint-Sulpice de Segville, demandeurs et défendeurs. Contre Monsieur le Cardinal de Mailly, « abbé commandataire de l'abbaye de Saint-Etienne de Caen.... » S. l. n. d., in-f° de 3 pag. (1717). f° F. 3, 2624.

58. — Mémoire, pour la Dame Du Mesnil-Patry. Marie-Anne-Françoise Exmelin de Marly, femme d'André de Gouville, (procureur du Roy à Caen). S. l. (Paris), Imp. de la Vve Mergé (1718), in-f° de 7 pag.. f° F. 3, 6961.

59. — Décret de l'Université de Caen. Contre les Jésuites de la mesme ville. Donné à Rouen, 31 janvier 1719. S. l. n. d., in-f° de 9 pag. (1719). f° F. 3, 2631.

60. — Mémoire pour le sieur Estienne le Peletier, Bourgeois de la ville de Caen, Frère utérin du sieur Georges de la Mare, chevalier de l'Ordre Militaire de Saint-Louis, Officier de Marine au Département de Rochefort, tant en son nom comme héritier institué par le testament dudit feu Georges de la Mare... Contre le sieur Pierre Taillefer, avocat au Parlement de Bordeaux. ... Imp. de J. Bouillerot. S. d. (1720), in-f° de 8 pag.. f° F. 3, 9571.

61. — Déclaration du sieur Fauvel, cy-devant Professeur naturel à Coutances, et présentement Docteur en Théologie de l'Université de Caen et Promoteur de l'Officialité de Bayeux,... Sig. N.-F. Fauvel. Paris. de l'Impr. Royale, 1722, in-4° de 4 pag.. 4° F. 3, 12010.

62. — Mémoire signifié pour Louis Lebas, Ecuyer, Seigneur et Patron de Baron-Tour-

mauville, Conseiller du Roy, Vicomte de Caen, et cy-devant Commissaire subdélégué de la Chambre de Justice, défendeur. Contre André Gouville, Ecuyer, Seigneur du Mesnil-Patry, Substitut du Procureur Général du Roy aux Bailliage, Maréchaussée et Police de Caen, et Président des traites de la même ville, Demandeur en prise à partie. S. l. (Paris), Imp. de P. A. Paulus-du-Mesnil, 1727, in-f° de 16 pag., f° F. 3, 9090.

63. — Factum pour les Pères Jésuites du Noviciat de Paris, Défendeurs et Demandeurs. Contre les sieurs Bocquet, Inspecteur des Manufactures de la Généralité de Caen, et Guillaume Tardif, Marchand à Caen, héritiers du sieur Tardif, Bourgeois de Paris, Demandeurs et Défendeurs. S. l. (Paris), Imp. de Paulus-du-Mesnil, 1729, in-f° de 18 pag., f° F. 3, 12683.

64.—Mémoire, pour Jean Richard Vallet-de-La-Ganneterie, Bourgeois de Paris, Bernard Symonet... Contre Marie-Geneviève Symonet, fille Majeure, et cy-devant Novice au Couvent des Ursulines de Caen, où elle a esté sept ans au Noviciat... 28 février 1729... S. l. (Paris) Imp. de Sevestre (1729), in-f° de 9 pages, f° F. 3, 6,679.

65. — Mémoire pour Maistre Gilles-Marin Barbey, Avocat au Parlement de Rouen, poursuivant le Sceau et Expédition des Provisions de l'Office de lieutenant Général-Criminel au Bailliage et Siège Presidial de Caen, deffendeur. Contre le sieur B.-Bapt.-Oliv. Baudouin. S. l. Imp. de P. A. Le Mercier 1730, in-f° de 12 pag., f° F. 3. 815.

66.— Memoire, servant de replique à celui du sieur Le Coq. Pour Marie-Anne Maingot, veuve de Jacques Le Cesne, Marchand Bourgeois de Caën, Opposante au titre d'un Office de secretaire du Roy. Contre Nicolas-François Le Coq, Sieur de Beuville, Poursuivant le Sceau des Provisions de cette Office. S. l. (Paris) Imp. de Montalant, 1731, in-f° de 12 pag. f° F. 3, 9,234.

67. — Au Roy et à Nosseigneur de son Conseil. Sire, Marie-Anne Maingot, veuve du sieur Jacques le Cesne, Marchand Bourgeois de Caen. S. l. (Paris) Imp. de Montalant (1731.) in-f° de 3 pag. f° F. 3, 9,235.

68. — Mémoire pour Nicolas-François Le Coq. Seigneur et Patron de Beuville, Seigneur de Vaucelles et autres lieux, ci-devant conseiller du Roy, Président au Grenier à Sel de Caen, et poursuivant le sceau et expédition des Provisions de l'Office de conseiller-secrétaire du Roy, Maison, Couronne de France et de ses Finances, dont était pourvu le feu Sieur de la Baune, deffendeur. Contre Marie-Anne Maingot, veuve de Jacques le Cesne, Marchand, Bourgeois de Caen, opposante au titre dudit Office. S. l. (Paris) Imp. de P. A. Le Mercier. 1731, in-f° de 14 pag.. f° F. 3, 9,290.

69.—Précis des Principaux moyens employez au procez pour Denis Pilleon, Ingénieur, Défendeur, Contre les Dames Abbesse et Reli-

gieuses de l'Abbaïe Royale de la Sainte Trinité de Caen, le Sieur Baron de Beauvais, Seigneur de Rideauville; le sieur Hervé Fouquet Seigneur de Reville; et les Paroissiens et Habitans de Saint-Wast et de Rideauville, Demandeurs... S l. (Paris) Imp. de Charles Osmont (1731.) in-f° de 15 pag.. f° F. 3. 13,496.

70.—Au Roy, et à Nosseigneurs de son Conseil. Sire, Jean Hays, Procureur en la Cour des comptes, Aydes et Finances de Normandie, (fiefs et terre du Sieur Rollée receveur général des finances de Caen.) S. l. (Paris) Imp. de de la Vve d'A. Knapen, 1733, in-f° de 8 pag., f° F. 3. 7474.

71. — Louis Gervais, ci-devant Fermier des Aydes en la généralité de Caen. Contre Antoine Le Coespelier, Accusé, Inscrivant. Extrait de la consultation de M. Amyot, du 7 Février 1733. Caen, Imp. de la veuve de Gabriel Briard (1733) in-f° de 7 pag., f° F. 3. 6,655.

72. — Memoire pour Jean Blot, Marchand Mercier de la ville de Caen. Contre Noël Couture, Sieur de la Fosse, Marchand en gros... Parlement de Rouen 7 août 1732. S. l. Imp. de Paulus-du-Mesnil, 1733. (in-f° de 8 pag.) f° F. 3. 1639.

73. — A Nosseigneurs Nosseigneurs les Presidents Tresoriers de France, Généraux des Finances, Juges des Domaines, et Grands-Voyers en la Generalité de Caen. Supplie humblement Eléonore de Billheust... Receveur du Domaine d'Avranches... Caen. Imp. de la Vve Marin Yvon (1734), in-f° de 19 pag., f° F. 3. 1491.

74.—Mémoire pour la Communauté des Maîtres Potiers-Beurriers-Crocquetiers de la ville et Fauxbourgs de Caen. Opposans et défendeurs. Contre la Communauté des Pannetiers-Vanniers-Bouteilliers de la même ville, défend. demand. S. l. (Paris), Imp. Vve Le Mercier, 1735, in-f° de 7 p., f° F. 3. 2629.

75. — Memoire pour Michel Déhommais, Marchand à Caën, demandeur en Règlement de Juges entre le Bailliage de Caen... 12 octobre 1734, et deffendeur. Contre Jean-Jacques Fortin, Ecuyer, et patron des Paroisses de Maltot et Feuquerolles... S. l. (Paris), Imp. de J. Lamesle, 1736, in-f° de 10 pag., f° F. 3. 4514.

76. — Memoire pour Michel Déhommais Marchand à Caën, Demandeur en Reglement de Juges entre le Bailliage de Caen et la Prévôté de l'hôtel du Roy... 12 octobre 1734, et deffendeur. Contre Jean - Jacques Fortin, Ecuyer, et Patron des paroisses de Maltot et Feuquerolles... S. l. (Paris). Imp. de Jean Lamesle, 1736, in-f° de 12 pag. f° F. 3. 45 5.

77. — Recapitulation, Pour le sieur Pillet, Ingénieur Contre le sieur Baron de Beauvais, les Dames Religieuses de la Sainte Trinité de Caën, et autres opposans. S. l. (Paris). Imp. de P. Prault, 1737, in-f° de 10 pag.. f° F. 3. 13497.

78. — Mémoire pour Claude-François Poirsin, ci-devant Directeur des Fermes du Roy à Caën, Accusé et Défendeur. Contre M. le Procureur du Roy de la Commission, Accusateur et Demandeur. S.-l. (Paris), Imp. de Vve d'A. Knapen, 1737, in-f° de 44 p.. f° F. 3, 13578.

79. — Mémoire pour l'Inspecteur général du Domaine de la Couronne. Sur l'Instance pendante au Conseil. Entre le Sieur Nigon, Receveur général des Domaines et Bois de la généralité de Caen, d'une part, et les Maires et Echevins de la ville de Caen, d'autre part. S. l. n. d. (1743). in-f° de 29 pag.. f° F. 3. 4942.

80 — Mémoire pour l'Inspecteur général du Domaine de la Couronne. Sur l'Instance pendante au Conseil. Entre le sieur Nigon, Receveur général des Domaines et Bois de la Généralité de Caen, d'une part... S. l. n. d. (1743), in-f° de 28 pag., (édit. diff.) f° F. 3. 4943.

81. — Mémoire signifié, pour Alexandre Roger, prêtre de la Compagnie de Jésus, Procureur général et Syndic des Missions de ladite Compagnie, établies dans le Levant, Demandeur. Contre Jacques Audrey, sieur des Pommerais, Conseiller du Roy, Substitut de M. le Procureur général au Grenier à Sel de Caen, et M. Jean Cauvet, sieur de Nerval. Paris, P.-G. Simon, Imp., 1743, in-f° de 8 pag., f° F. 3. 1448.

82. — Memoire pour Madame l'Abbesse de la Sainte Trinité de Caen, et François de Sainte Marie, Pretre, Curé de Guibray, décimateurs de ladite Paroisse de Guibray, defendeurs Contre les Prieur et Religieux de l'Abbaye de Saint-Jean de Falaize. Paris, P.-G. Simon, 1746, in-f° de 8 pag.. f° F. 3. 2625.

83. — Observations pour la Communauté des Cordonniers de la ville de Caen, défendeurs et opposans. Contre les Savetiers de la même ville, demandeurs en réunion des deux communautés. (Paris), Imp. Knapen, 1756, in-4° de 8 pag.. 4° F. 3. 7809.

84. — Mémoire pour Thomas Brunet, retrayant, appellant de la sentence rendue au Bailliage de Caen le 17 May 1765. Contre François Moisson, Entrepreneur des grands chemins... (Vente de terre au hameau de la Maladerie.) Caen, imp. P. Chalopin (1765), in-4° de 12 pages. (Collection de M. de B.)

85. — Mémoire pour Robert Dubois, Maître de Quay au Port et Havre d'Isigny, et Pierre Porée, Sous-Fermier des Messageries, pour la correspondance des chevaux quittes de Caen à Isigny. Contre Louis Laurent, Maître de la Poste de la ville de Bayeux. S. l. Imp. de Le Breton, 1765, in-4° de 10 pag. 4° F. 3. 10380.

86. — Mémoire pour Françoise Fresnier, Epouse séparée de biens du sieur Fouques de Belleville, Ecuyer... Ancien Receveur Général du Tabac à Caën...Contre le sieur de la Garenne et les Héritiers du s' du Veaugrou.....

S. l. Imp. de Michel Lambert, 1767, in-4° de 16 pages. 4° F. 3. 12575.

87. — Mémoire à consulter, et Consultation, pour le sieur Lentaigne, Docteur en théologie, curé de la Paroisse de Saint-Sauveur de Caen, et Recteur de l'Université de la même ville. Paris. P. M. Simon 1767, in-4° de 40 pages. 4° F. 3. 18965.

88. — Mémoire signifié pour Luc-François Leboucher de Vallefleurs, ecuyer, conseiller du Roi, vicomte de Graville, Membre de la Société d'Agriculture de la Généralité de Caen, appellant. Contre J.-Fr.-L. Gohier,... Paris. Imp. de Knapen, 1767, in-4° de 22 pages. 4° F. 3. 31944.

89. — Memoire à consulter et consultation pour le sieur Urbain Dros, Marchand de la ville de Caen, Contre Maitre Charles Gervais, prêtré, Curé de la Paroisse Saint-Pierre de ladite ville. Caen. Imp. de G. Le Roy, 1777, in-4° de 58 pages. 4° F. 3. 10290.

90. — Mémoire pour le sieur Charles Gervais, Curé de la Paroisse de Saint-Pierre, en a ville de Caen, Intimé en appel. Contre M. J.-D. de Cheylus, Conseiller du Roi en tous les Conseils, Evêque de Bayeux,... 26 juillet 1782. Rouen, Imp. de Vve Laurent Dumesnil, 1784, in-4° de 48 pages. 4° F. 3. 13615.

91. — Arrêt de la Cour de Parlement, qui décharge Marie-Françoise-Victoire Salmon, fille domestique, de toutes les plaintes et accusations contre elle intentées à la requête du Substitut du Procureur général du Roi du Bailliage et Siége Présidial de Caen. Paris. P. G. Simon et N. H. Nyon 1786, in-4°, de 12 pag. 4° F. 3. 29454.

92. — Mémoire pour J.-P. Bridet, cultivateur (à Caen), Propriétaire d'un Brevet d'invention pour la conversion des matières stercorales en engrais suivant une nouvelle méthode. Contre Michel Duguey, cultivateur, an 7, signé: J.-P. Bridet. S. l. n. d. in-4° de 43 pag.,an VII, 1799, 4° F. 3. 4443.

93. — Défense du Brevet d'Invention, accordé le 3 Brumaire de l'An V, signé: Bridet. Au citoyen Bridet, cultivateur, (Eugrais Bridet, à Caen et à Rouen).S. l. An VIII., (1800). in-4° de 70 pag. 4°, F. 3. 4438.

94. — Examen de l'Enquête faite devant les Juges-de-Paix des cantons de Belleville, Paris, Rouen et Versailles... 7 et 19 Vendém. an VIII. Pour le citoyen J.-P. Bridet, cultivateur. Contre le citoyen Duguey, (cultivateur à Caen). Signé: J.-P. Bridet. S. l. n. d. An VIII, (1800) in-4° de 23 pag., 4° F. 3. 4439.

95. — Jugemens Rendus en faveur du Citoyen Bridet; (cultivateur, demeurant à Caen), contre le citoyen Duguey (demeurant aussi à Caen). Paris. Imp. Huzard. An. IX (1801), in-4° de 36 pag. 4° F° 3. 4440.

96. — Mémoire pour le C. Bridet, (de Caen). En réponse au Mémoire de Duguey, adressé

au Ministre de l'Intérieur. Paris. Imp. Huzard An IX (1801), in-4o de 23 pag. 4o F. 3. 4442.

97. — Mémoire pour le Citoyen Bridet, cultivateur (à Caen). Breveté d'Invention pour la conversion des Matières fécales en poudre végétative et inodore, deffendeur, contre le citoyen Duguay... Par le C. Thilorier. (Paris). Imp. Huzard. An X (1802), in-4o de 81 pag. 4o F. 3. 4441.

98. — Plaidoyer, prononcé par le citoyen Spiess, ci-devant prieur-curé de l'Ordre de Prémontré, dans sa cause ; contre le citoyen Davrilly et les héritiers Delaberardière... (à Caen). Rouen. Imp. de F. Baudry, an 12 (1804). in-4o de 275 pag. 4o F. 3. 30501.

99. — Pièces Justificatives (Spiess). Caen, an 9. Rouen. Imp. de F. Baudry, an 12 (1804). in-4o de 42 pag. 4o F. 3. 30501 (1).

100. — Réponse pour le Sr Thomas-Martin Houel, demeurant à Caen, appelant d'un jugement rendu par le tribunal civil de Falaise, le 28 novembre 1810. Au mémoire imprimé du sieur Paul Fresnil et cohéritiers, de la commune de Crocy, intimés. Caen. Imp. de P. G. Le Roux (1814). in-4o de 40 pag. (Collection de M. de B.)

101. — Mémoire à consulter et consultation. Sur un arrêt du 14 mai 1817, par lequel la Cour d'assise du Calvados a condamné Denis-Toussaint Chancerel, Négociant et Banquier à Caen... Signé: Dubusq, née Chancerel. S. 1. Imp. de Leblanc. S. d. (1817), in-4o de 52 pag. 4o F. 3. 10524.

102. — Observations par les sieur et dame Lenfant, demandeurs et règlement de Juges contre les sieur et dame Dubusq (biens situés à Caen). Paris. Imp. de Lachevardière. (1817), in-4o de 4 pag. 4o F. 3. 18917.

103. — Consultation sur la demande du sieur Chancerel, en cassation d'un arrêt de la Cour royale de Caen, du 13 juillet 1820... Signé: Merlin. S. 1. Imp. de Leblanc (1820), in-4o de 19 pag. 4o F. 3. 5920.

104. — Précis pour le sieur Hurbain Guilbert, (avocat et juge suppléant à Caen, rédacteur de l'Observateur Neustrien), contre M. le Marquis Eugène de Montmorency (Paris). Imp. Ve Porthmann (1820), in-4o de 25 pag. 4o F. 3. 14686.

105. — Mémoire des Sieurs Crespin et Bricon, anciens comptables du Trésor, adressé à son exc. le Ministre des Finances... Signé Bricon et Crespin, l'ex-Receveur général du Calvados (Paris). Imp. Porthmann (1822), in-4o de 16 pag., 4o F. 3. 8318.

106. — Consultation pour les enfants Buisson, contre Me Halluin, avoué à Dieppe (Sur le pourvoi formé par ce dernier, contre un arrêt rendu par la Cour royale de Caen, le 8 juillet 1824, en faveur des enfans Buisson. (Paris). Imp. Moreau, (1825.) 4o F. 3. 4748.

107. — Mémoire à consulter et consultation pour: 1o M. Michel-Louis-Joseph, Baron Bonté,

lieutenant général... Sur le Pourvoi formé par la demoiselle Victoire Cauvin, fille majeure, contre un arrêt de la Cour Royale de Caen, en date du 8 mars 1827. (Paris). Imp. A. Boucher (1828), in-4o de 27 pag, 4o F. 3. 3556.

108. — Tout est vrai. Lemeneur, à Caen. S. i. Imp. de Pollet. (1839), in-4o de 9 pag. 4o F. 3. 18922.

109. — Précis pour M. Louis-Laurent-Henri Fradel, négociant demeurant à Caen, défendeur, contre M. le Procureur Général près la Cour Royale de Caen, demandeur. Paris. Imp. Lacrampe (1843). In-4o de 12 pag. 4o F. 3. 12663.

110. — Observations sur les motifs et le dispositif de l'Arrêt de la Cour d'Angers du 5 Juillet 1843 ;... (M. de Montfleury (propriétaire à Caen.) Paris. Imp. de Pommeret et Guenot. (1844), in-4o de 22 pag. 4o F. 3. 22332.

111. — Mémoire à consulter pour M. Louis Collet, négociant à Caen. contre Me Foucher, avoué près le tribunal civil séant à Caen (Calvados). Paris. Imp. de Fain et Thunot. (1844), in-4o de 15 pag. 4o F. 3. 7298.

112. — Consultation pour M. Louis Collet, négociant à Caen, contre Me Foucher, avoué près le tribunal civil séant à Caen (Calvados). Paris. Imp. de Fain et Thunot (1844), in-4o de 3 pag. 4o F. 4. 7299.

112. — Chemin de fer de Caen. — Note sur la demande de crédit de 1,500,000 francs, substituée à la demande de concession directe, pour le raccordement avec le chemin de fer de Rouen. Paris. Imp. Chaix et Cie (1853), in-4o de 7 pag. 4o F. 3. 6355.

114. — Arrêt de la Cour Impériale de Caen du 19 avril 1852. Entre M. Saint-Céran-Vérel père et ses enfants, etc., et les sieurs Nigault et Fr. Grenier. Paris. Imp. N. Chaix et Cie (1853), in-4o de 32 pag. 4o F. 3. 28865.

115. — Cour de Cassation. — Chambre des Requêtes.—Mémoire en défense pour M. l'abbé Varin, prêtre de la paroisse de Vaucelles, de Caen, demeurant à Caen, défendeur éventuel, contre la Dame veuve Letourneur, demeurant dans la commune de Saint-Loup-Hors... Paris. Imp. E. Thunot (1853), in-4o de 7 pag. 4o F. 3, 32071.

116. — Observations pour la Compagnie du Chemin de fer de Paris à Caen et à Cherbourg, contre les Propriétaires des Forges de la Bonneville. Evreux. Imp. de Canu (1854), in-4o de 12 pag. 4o F. 3. 6587.

117. — Observations pour la Société anonyme du chemin de fer de Paris à Caen et à Cherbourg. Contre Madame Ve Dubois... Paris. P. Dupont (1855), in-4o de 16 pag. 4o F. 3, 6586.

118. — Huiles de colza, ventes à livrer. Griefs d'appel pour Madame Vve Beaunier, ès-nom appelante. Contre M. Ch. Paulmier, négociant à Caen, intimé. Havre, Imp. Alph. Lemale (1857) in-4o de 37 pag. 4o F. 3. 2151.

119. — Madame veuve et héritière Beaunier.

Contre M. Lapersonne, négociant à Caen. (Huile de colza, année 1854). Paris. Imp. de Guillois (1857), in-4° de 16 pag. 4° F. 3, 2152.

120.—Mme veuve et héritière Beaunier. Contre M. Ch. Paulmier, négociant à Caen. (Huile de colza, année 1854). (Paris) Imp. de Guillois (1857) in-4° de 17 pag. 4° F. 3. 2153.

121.—Conseil d'Etat, section du contentieux. Atelier insalubre ou incommode.—Suppression. A l'Empereur en son conseil... Précis pour M. Edmond Anne, tanneur-corroyeur à Caen. Paris. Imp. Simon Bacon (1861), in-4° de 30 pag. 4° F. 3. 583.

122.— Observations pour M. J. Lecointe, ingénieur-mécanicien à Saint-Quentin. Contre MM. de Morel et Cie, négociants à Caen, Amiens, Imp. de T. Jeunet, 1863. In-4° de 53 pag. 4° F. 3. 1838.

123.—Conseil d'Etat, Section de l'Intérieur, de l'Instruction publique et des Cultes. Mémoire pour le Conseil Presbytéral de l'Eglise Réformée de Caen. Contre les héritiers naturels du sieur J.-F. de Saint-Jean. Signé: A. Monod. Paris. Imp. V. Goupy (1868), in-4° de 24 pag. 4° F, 3. 4910.

124.—Conseil d'Etat. Section du Contentieux. Mémoire ampliatif pour le Consistoire de l'Eglise Réformée de Caen. Contre M. le Garde des Sceaux, Ministre de la Justice et des Cultes, Signé: A. Monod. Paris. V. Goupy (1868) in-4° de 58 pag. 4° F. 3. 4911.

125.—Note pour Mme Blanqui, agissant comme tutrice légale... de M. Gervais (de Caen), contre M. Auguste Marie, ancien associé de M. Gervais (de Caen)... (Paris) Renou et Maulde (1868), in-4° de 20 pag. 4° F. 3. 3167.

126.—Conclusions pour M. Emile-Jules Bigot, marchand de vins, demeurant et domicilié en la ville de Caen... Contre 1° M. Ch.-L.-Th. Bigot... Saint-Lo. Imp d'Elie fils (1872), in-4° de 12 pag. 4° F. 3. 2987.

II. BAYEUX

127.—Factum pour Maistre Gilles le Febure, chanoine en l'Eglise de Bayeux, inthimé et appellant. Contre Maistre Anth. de Mentroussel... S. l. n. d., in-4° de 6 pages (1611). 4° F. 3. 18496.

128. — Factum pour Damoiselle Angélique debonnaire, femme séparée de biens et d'habitation d'avec Raphael Durand, dict Grand-Camp, son mari, (habitant la ville de Bayeux). Contre ledit Raphael Durand... S. l. n. d., in-4° de 5 pag. (1623). 4° F. 3. 11250.

129.— De Archidiaconatu de Vadis, Baiocensis Ecclesiæ Oratio. Sig. Petrus Haley, poëta... (1651). S. l. n. d., in-4° de 26 pag. (1651). 4° F. 3. 1413.

130. — Factum pour le sieur et Damoiselle d'Infreville. Contre Maistre Jean le Patouf Cremelle, aspirant à la charge de Maistre des Requestes. S. l. n. d. (1652), in-f° de 12. ...

touf, président en l'élection de Bayeux). F° F. 3. 7730.

131. — Factum, pour Maistre Jacques Berthelot, sieur de la Vallée, fils de maistre Jean Berthelot, conseiller du Roy, esleu à Bayeux, demandeur. Contre Jean Canivet, sieur du Mollay... S. l. n. d. (1654), in-f° de 4 pag. F° F. 3. 1340.

132. — Factum pour les Doyen, Chanoines et Chapitre de l'église cathédrale Nostre-Dame de Bayeux, demandeurs en crimes et délits. Contre Maistres J. Petite Prestre... S. l. n. d., in-4° de 7 pag. (1669). 4° F. 3. 1980.

133. — Factum pour les Doyen, Chanoines et Chapitre de l'Eglise cathédrale de Bayeux, demandeurs... Contre Maistres Jean Petite, prestre... S. l. n. d., in-4° de 17 pag. (1669). 4° F. 3. 1981.

134. — Plaise à Nosseigneurs du Grand Conseil, avoir pour recommandé en Justice le bon droit, Pour les Doyen, Chanoines et Chapitre de l'Église cathédrale de Bayeux... S. l. n. d, in-4° oblong (1669). 4° F. 3. 1981.

135. — Au Roy. Sire, Le Directeur du Séminaire de la ville de Bayeux,... S. l. n. d., in-f° de 4 pag. (1670). F° F. 3. 9981.

136. — Factum pour Charles Constantin et sa femme, Bourgeois de Bayeux, demandeurs en crime d'assassin prémédité et Défendeurs en lettres. Contre Jacques de Pradieu de Moncomble, demandeur en lettres, et ses complices. S. l. n. d. (1670), in-f° de 4 pag. F° F. 3. 9982.

137. — Factum pour messire François de Nesmond, Evesque de Bayeux, intimé, appellant et défendeur. Contre les Doyen, Chanoines et Chapitre de Bayeux. Paris. Imp. de F. Muguet, 1671, in-4° de 107 pag. 4° F. 3. 23029.

138. — Mémoire servant de réponse à un Factum. Pour Messieurs les Syndics et députez du diocèse de Bayeux Intimez. Contre les Religieux Prieur et Couvent de l'Abbaye de Saint-Estienne de Caen Appellants. S. l. n. d. (1693), in-f° de 5 pag. F° F. 3. 997.

139. — Mémoire pour les Maîtres et Communauté du Métier de Cordonnier de la ville de Bayeux, demandeurs. Contre les Savetiers de la même ville, défendeurs. S. l. (Paris). A. Knapen (1724), in-f° de 7 pag. F° F. 3. 995.

140. — Les Très-Humbles Remontrances faites au Roy, par Son Altesse feu M. de Lorraine, Evêque de Bayeux. S. l. (1710), in-4° de 23 pag. 4° F. 3. 1982.

141.—Mémoire pour Julien Geoffroy, écuyer sieur Des Marets, Conseiller du Roy, Correcteur ordinaire en sa Chambre des Comptes de Paris, Défendeur. Contre Jacques Théroude, Ecuyer sieur de Toulouse, Demandeur, et en présence de Messire Joachim Geoffroy, Prêtre chanoine en l'Eglise Cathédrale de Bayeux; Gabriel Geoffroy Sieur Des Marets, et Jacques Geoffroy Sieur de Goville, Avocat au Parlement de Paris, aussi Défendeurs. S. l. (Paris). Imp.

de Paulus-du-Mesnil (1732), in-f° de 4 pag. f° F. 3. 6633.

142. — Mémoire signifié pour Pierre-Louis Le Chanoine, de Noffetot, Capitaine au Régiment de Cambresis, héritier bénéficiaire du sieur de Roquemont, son oncle, Valet de Chambre de feu M. le Duc de Berry, deffendeur. Contre Marie-Anne Forne, veuve dudit sieur de Roquemont, demanderesse. (Le sieur de Roquemont décéda à Bayeux le 7 septembre 1729.) S. l. (Paris). Imp. de P. A. Le Mercier. 1732, in-f° de 4 pag. F° F. 3. 9236.

143. — Sommaire des moyens de Cassation contre un Arrêt du Grand Conseil du 23 Décembre 1737. Le sieur Berruier, Prêtre du Diocèse de Bayeux... S. l. (Paris). Imp. de J. Lamesle. 1738, in-f° de 3 pag F° F. 1310.

144. — Consultation de Maistre Prevost, ancien avocat au Parlement de Paris. Sur les Contestations d'entre Maistre François-Michel Le Roy, avocat au Parlement de Paris, appellant, tant comme d'abus que de deni de Justice, d'un décret décerné en l'Officialité de Bayeux, contre le sieur Ferard, prêtre, le 2 avril 1738. M. de Luines, Evêque de Bayeux, reçu partie intervenante... Paris. Imp. de Pierre Prault, 1741, in-f° de 8 pag. F° F. 3 9636.

145. — Mémoire signifié pour Me François-Michel Le Roy, avocat au Parlement de Paris, Lieutenant en la Haute Justice d'Osmanville et Controlleur des Actes des Notaires au Bourg d'Isigny, appellant tant comme d'abus que de Déni de Justice, du Décret décerné en l'Officialité de Bayeux, contre le sieur Ferard, prêtre, le 2 avril 1738... Contre Messire Paul-Albert de Luines, Evêque de Bayeux... Paris. Imp. de P. Prault, 1741, in-f° de 31 pag. F° F. 3. 9637.

146. — Mémoire signifié pour Messire Etienne-Philippes Gallet, Prêtre, Docteur en Théologie de la Faculté de Paris, pourvu par le Chapitre de l'Eglise de Paris d'un Canonicat de S. Sépulcre, Intimé, Appellant, Demandeur et Défendeur. Contre Philippes-Germain le Barbey, Clerc du Diocèse de Bayeux, pourvu en Cour de Rome... et contre Messire Jacques de Cingal, Prêtre, Curé de la paroisse de Saint-Martin-du-Mont, Diocèse de Bayeux, son résignataire, Intervenant et demandeur... S. l. (Paris). Imp. de Paulus-du-Mesnil. 1742, in-f° de 28 pag. F. 3. 6425.

147. — Mémoire signifié pour Richard-François Maheust, Sous-Fermier des Droits d'Inspecteurs aux Boucheries de l'Election de Bayeux, Appellant de deux Ordonnances de M. l'Intendant de Caën. Contre Jean-Baptiste Boissel, Arrière-sous-Fermier des mêmes Droits pour le Département de Cerisy, Intimé. S. l. (Paris). Imp. de la Vve Lamesle. 1743, in-f° de 10 pag. F° F. 3. 10345.

148. — Mémoire signifié pour Jean-Baptiste-Gabriel Anfry de Lapotherie, Clerc tonsuré du Diocèse de Bayeux, pourvu par Résignation du Prieuré simple de Saint Romain du Diocèse d'Autun, près Beaune, et de l'Ordre de Saint Benoit, Demandeur et deffendeur. Contre Dom Maur Coup, Prêtre, Religieux Bénédictin Anglois, profès et procureur de la Maison de Saint Edmond de Paris. S. l. (Paris). Imp. de J. Lamesle, 1745, in-f° de 47 pag. F° F. 3. 8710.

149. — Mémoire Signifié pour les sieurs Louis-François Thiboult, écuyer sieur de Tilly, Seigneur et Patron de Berigny, la Ma re, la Luzerne, et autres lieux; Jacques Thiboult, Ecuyer, Prêtre curé de Vauxeville; et Michel-Antoine de Gouville, Ecuyer, Prévôt général au Département de Caën... Contre le sieur Luc Hebert de la Marerie, Garde-Marteau de la Maîtrise des Eaux et Forêts de Bayeux, Demandeur. S. l. (Paris). Imp. de la Vve D la tour, 1746, in-f° de 17 pag. F° F. 3. 16155.

150. — Mémoire pour Magdelaine Dorthe, veuve de Henri-Louis de Boubers, Chevalier, Seigneur de Bernatre, Miannay et autres lieux. (Biens au Baillage de Bayeux). Sur la cassation de deux Arrêts du Parlement de Rouen, des 19 août 1749 et 23 juillet 1751. S. l. (Paris). Imp. F. Prault. 1751. in-f° de 12 pag. F° F. 3. 1887.

151. — Mémoire signifié. Pour Magdelaine Dorthe, veuve d'Henri-Louis de Boubers, Chevalier, Seigneur de Bernatre, Miannay, Loiville et autres lieux, défenderesse. Contre Louis de Collignon... (Biens au Bailliage de Bayeux). S. l. (Paris). Imp. de Le Breton. 1754. in-f° de 18 pag. F° F. 3. 1888.

152. — Mémoire pour les Mait res Cordonniers de Bayeux. Contre les Savetiers de la même ville. S. l. (Paris). Imp. de Didot (1755), in-f° de 5 pag. F° F. 3. 996.

153. — Précis signifié pour M. de Rochechouart, Evêque de Bayeux, en réponse à celui donné pour le Comte de Blangy et pour les soi-disans Administrateurs de l'Hôpital de Villers-en-Boccage. (Paris). Imp. de Didot. 1776. In-4° de 38 pag. 4° F. 27963.

154. — Exposé des principes plaidés dans la cause de M. l'Evêque de Bayeux. Contre le sieur Gervais de la Prise, curé de la paroisse de Saint-Pierre de Caen. Rouen. Veuve P. Dumesnil, 1783, in-4 de 1-14 et Consultation de 15 à 26. 4° F. 3. 1983.

155. — Pourvoi au Conseil d'Etat, contre un arrêté du Préfet du Calvados, portant déchéance d'une Acquisition de Biens de Première origine. Faits le 13 avril 1791, adjudication par le district de Bayeux, et au profit de M. Jean-Barthélemy Lecouteulx, des biens nationaux... (Paris), Imp. Vve Porthmann (1832), in-4° de 12 pag. 4° F. 3. 18445.

156. — Mémoire pour Dame Jeanne Lemessager de La Houssaye... (demeurant à Bayeux. Contre les Dames Marie-Jeanne-Madel. Dethan... (demeurant à Bayeux). Fait à Bayeux,

ce 15 Juillet 1826. Paris. Imp. de Sétier. (1826); in-4° de 84 pag. 4° F. 3. 18842.

157. — Mémoire Justificatif présenté à la Cour de cassation par la dame Vᵉ Prodhomme et le sieur Jean. demeurans à Bayeux, à l'appui de leur déclaration de pourvoi... le 7 Juin 1828. S. l. Imp. de Ducessois (1828), in-4° de 60 pag. 4° F. 3. 26791.

158. — Pétition à la Chambre des Députés. Pierre-Jean et Jeanne Le Messager de La Houssaye, veuve Prodhomme, sa tante, pour laquelle il fait fort, l'un et l'autre propriétaires à Bayeux (Calvados)... Paris. Imp. de A. Coniam. (1829), in-4° de 45 pag. 4° F. 3. 17056.

159. — Justification de M. Jean-Ph. Jouanne. Contre les calomnies du sieur Jules Sebire, négociant horloger, demeurant à Bayeux, département du Calvados. (Paris). Imp. de J.-L. Bellemain. 1831, in-4° de 6 pag. 4° F. 3. 16269.

160. — Observations présentées à la Cour Royale de Caen, par les propriétaires du Journal hebdomadaire et non politique l'*Indicateur de Bayeux*. Bayeux. Imp. de L. Nicolle. 1842, in-4° de 8 pag. 4° F. 3. 15853.

161. — Ressort de la Cour de Caen, Tribunal de l'Arrondissement de Bayeux (Calvados). Affaire de Dame Jeanne-Françoise Le Monnier, dite en religion Sœur Sainte-Marie, religieuse du Monastère du Saint-Sacrement de Bayeux. Contre : 1° Dame Marie Le Caplain... Caen. Imp. Woinez, 1845, in-4° de 102 pag. 4° F. 3. 18885.

162. — Mémoire à consulter pour la Dame Marie Paris, Veuve de Charles-François-Léon Villette et la Dame Veuve Vautier, sa fille, demeurant l'une et l'autre à Bayeux. Saint-Lo. Imp. d'Elie fils, 1851, in-8° de 23 pag. 8° F. 3. 2296.

163. — A l'Empereur en son Conseil d'Etat, section du Contentieux. Observations pour la ville de Bayeux. Contre M. le Ministre des Travaux Publics. (Paris). A. Guyot. (1853), in-4° de 14 pag. 4° F. 3. 1984.

164. — Observations soumisses au Corps législatif par les Notaires de l'arrondissement de Bayeux (Calvados) sur les articles concernant l'augmentation des droits de timbre... du Projet de loi portant règlement du budget de 1863. Bayeux. Imp. S. A. Duvant (1862), in-4° de 19 pag. 4° F. 3. 23199.

III. FALAISE

165. — Factum, pour les Conseillers Assesseurs de Baillage et Vicomté à Falaise, demandeurs et opposants Contre Maistre Noel Prayer, pourveu à l'office de lieutenant général du Vicomte dudit Falaise...S. l. n. d., in-4° de 4 pag. (1620). 4° F. 3. 11902.

166. — Factum pour Maistre Jacques Eudelin, Fermier des Aydes et quatriesme de l'élec-

tion de Falaize et foires de Guibray, deffendeur en requeste du 30 octobre. Contre Maistre Estienne Rozerot, Fermier des Aydes et quatresme des Elections de Caen... S. l. n. d. (1636), in-4° de 4 pag. 4° F. 3. 11808.

167. — Factum pour montrer que le Champ de la Foire de Guibray, ensemble les louages des Loges ou Boutiques, Estallages et places de ladite Foire appartiennent au Roy, à cause de sa vicomté de Falaise... au Domaine de sa Majesté... 1667. S. l. n. d., info de 3 pag. (1678). F° F. 3. 4977.

168. — Mémoire pour les Juges de la Vicomté de Falaise. deffendeurs. Contre Damoiselle Anne-Louise Auvray, veuve du sieur Langevinière, opposante à un Arrest du Conseil du 3 Juillet 1702. Et Monsieur le Procureur Général du Parlement de Rouen, intervenant et adherant à l'opposition de la Damoiselle de Langevinière. S. l. n. d. (1702), in-f° de 12 pag F° F. 3. 5815.

169. — Mémoire sommaire pour Pierre Claude Richer, conseiller du Roy, Notaire au Chastelet, Demandeur. Contre Messire Hardouin Thérèse de Morel, Marquis de Putange, Gouverneur des ville et chasteau de Falaise, capitaine au régiment de cavalerie d'Anjou, Défendeur. S. l. n. d. (1702), in-f° de 3 pag. F° F. 14327.

170. — Mémoire pour Pierre Helie, Ecuyer, sieur de Cerny, Lieutenant ancien, civil et criminel, Commissaire Enquesteur, Examinateur au Baillage de Falaise, défendeur. Contre Jean-Charles-André de Lafresnaye, Lieutenant civil, criminel, commissaire Enquesteur, Examinateur, Lieutenant particulier, Assesseur criminel, au même Bailliage de Falaise, demandeur. S. l. (Paris), Imp. de Jacques Vincent. (1708), in-f° de 10 pag. F° F. 3. 7473.

171. — Mémoire pour Messire Hardouin-Therese de Morel, chevalier, Marquis de Putanges, Mestre de Camp, Messire Henry Ravant de Morel, chevalier de Putanges, gouverneur de Falaise.... Contre Messire Jean-Baptiste Ollier, abbé de Verneuil, Messire Michel-Charles Amelot, chevalier, seigneur de Gournay... (Généalogie). S. l. n. d., in-f° de 11 pag. (1713). F° F. 3. 11688.

172. — Mémoire pour le sieur de Cerny (Pierre Hélie) Lieutenant général civil et Lieutenant criminel au Bailliage de Falaise, demandeur. Contre le sieur de Guerville, vicomte de Falaise, et se prétendant Sénéchal de Guibray, défendeur. S. l. n. d. (1720), in-f° de 4 pag. F° F. 3. 7490.

173. — Mémoire pour Charles-Franç. Desnos Moullin, Receveur du Domaine de Falaise, Opposant à l'Arrest surpris sur Requeste au Conseil le 7 Septembre 1723. Contre le sieur Dorglandes. défendeur. S. l. (Paris). Imp. André Knapen (1723); in-f° de 12 pag. F° F. 33. 4702.

174. — Mémoire pour les chanoines Régu-

liers, Prieur et Religieux de l'Abbaye de Saint Jean de Falaise, Ordre de Prémontrés, Evoquans et Défendeurs. Contre M. Jacques-François de Vauembras, Ecuyer, Sieur de Mieux, Evoqué et Demandeur. Paris. Imp. d'André Knapen, 1730, in-f° de 10 pag. F° 3. F. 3. 5816.

175.—Mémoire pour Messire Maximilien-Constantin Anzeray, Marquis de Courvaudon, Président à Mortier au Parlement de Normandie, demandeur. Contre le sieur et dame Dugrès, défendeurs. (Procès de Falaise, Château Durcet). S. l. n. d., in-f° de 40 pag. (1734), F° F. 3. 339.

176.—Au Roy, et à Nosseigneurs de son conseil. Sire, Maximilien-Constantin Anzeray... (procès à Falaise). S. l. (Paris). Veuve André Knapen. 1737, in-f° de 14 pag. F° F. 3. 341.

177. — Observations particulières et importantes pour le sieur de Cerny, lieutenant criminel à Falaise. Contre le sieur de Chanteloup. (Paris). Imp. veuve Knapen. 1738. In-4° de 4 pag. 4° F. 3. 5669.

178.—Mémoire pour Pierre Helie, Ecuyer, sieur de Cerny, lieutenant-général au Baillage de Falaise, Défendeur en opposition au titre. Contre Louis-Alphonse-Hypolite-Helie de Cerny, Ecuyer, son fils aîné, opposant au titre. S. l. n. d. (1739), in-f° de 4 pag. F° F. 3. 7491.

179. — Mémoire signifié, pour le sieur Pierre Helie, écuyer, sieur de Cerny, lieutenant ancien civil et criminel, Enquêteur et Commissaire Examinateur au Baillage de Falaise, demand. contre Louis-Alphonse-Hypolite-Helie de Cerny, son fils aîné, défendeur. S. l. (Paris). Imp. de Moreau. 1739, in-f° de 10 pag. F° F. 3. 7492.

180. — Au Roi et à Nosseigneurs de son Conseil. Sire, Dominique-Elie de Grantemenil, Ecuyer, Seigneur de Treperel, Lieutenant criminel au Bailliage de Falaise, au nom et comme mari de Dame Jeanne Poret et cohéritiers... Paris. P. G. Simon (1758?) In-4° de 32 pag. 4° F. 3. 14288.

181. — Jugement du Tribunal de cassation, qui faisant droit à la Requête de François Caval, détenu aux prisons du Tribunal du District de Falaise... S.l. Imp. C. F. Perlet (1792), in-4° de 3 pag. 4° F. 3. 5575.

182. — Cour de cassation. Les Sections réunies sous la présidence de S. Exc. Monseigneur le Ministre de la Justice. Question importante, concernant l'enregistrement... Observations de M Ar.-L.-Th. Hélie, chevalier de Combray (Ancien receveur des Tailles de Falaise). S. l. Imp. J. M. Chaigneau fils. (1824), in-4° de 47 pag. 4° F. 3. 7435.

183. — Cour de cassation... Courtes et dernières observations de M. Ar.-L.-Th. Hélie, chevalier de Combray.., (Ancien receveur des Tailles à Falaise. (Paris), imp. Moreau, 1826, in-4° de 8 pag. 4° F. 3. 7436.

184. — Interrogatoire 22 février 1838. Lemeneur (né à Falaise). Signé à Caen, 14 mai 1838, Paris, imp. Pollet (1838), in-4° de 4 pag. 4° F. 3. 18823.

185.—A Monsieur Barthe, Garde-des-Sceaux, Ministre de la Justice. N. Lemeneur... (né à Falaise). Paris, imp. de Pollet (1838), in-4° de 3 pag. 4° F. 3. 18826.

186. — A M. Barthe, Garde-des-Sceaux, 31 mai 1838. Napoléon Lemeneur, ancien magistrat, né à Falaise, et avocat, détenu à Caen. Paris, imp. de Pollet (1838), in-4° de 4 pag. 4° F. 3. 18825.

187. — Lettre et Réponse, 12, 14 juin 1838. Lemeneur, avocat (né à Falaise). (Paris), imp. de Pollet, 1838, in-4° de 4 pag. 4° F. 3. 18872.

188. — Ordonnance sur requête, 10, 12 avril 1838, quasi-refus de M. Deslonchamps et Réponse quasi-adroite. Napoléon Lemeneur, avocat (né à Falaise). (Paris), imp. de Pollet (1838), in-4° de 4 pag. 4° F. 3. 18824.

189.—Note pour Léon Fontaine, Paris, Varé et consorts, contre Massué, Jobey et autres la Société Malfilâtre et Fontaine qui possède deux établissements, l'un à Falaise et l'autre à Paris. Paris, imp. Seringe frères (1864), in-4° de 10 pag. 4° F. 3. 12404.

IV. LISIEUX

190. — Factum pour Noble homme Maistre Adrian Mallet, Preste Escolaste. Chanoine et Promoteur de l'Evesché de Lysieux, intimé... 30 aoust 1630. Contre lesdits chanoines appellans comme d'abus, de Sentence rendue en l'officialité Metropolitaine de Rouen, le 9 Novembre 1633... S. l. n. d. (1637), in-4° de 8 pag. 4° F. 3. 20364.

191. Moyens et raisons de Martin Bienvenu, intimé et demandeur en Requeste du 15 may 1675. Contre Maistre Henry Soulas... le 28 mars 1675. (Collège de Lisieux). S. l. n. d. in-4° de 8 pag. 4° F. 3. 2970.

192. — Factum, pour François de Montargis, Ecuyer, seigneur de Montigny et de Hossard, demandeur en évocation au Parlement du Rouen. Contre Messire Leonor de Matignon, Evêque de Lizieux, Adrien du Houlley, Ecuyer, sieur de Courtonne, Pierre de Piparay, Ecuyer, sieur de Marolles, Jean et François le Mercier, et Nicolas Furet, Deffendeurs. S. l. (Paris), imp. de la veuve L. Vaugon (1710), in-f° de 3 pag. f° F. 3. 11.400.

193. — Factum pour les Sindic et Communauté de la paroissé de Bazoques, de l'Election de Lisieux, intimez. Contre Chârles Poulain... S. l. n. d., in-f° de 4 pag. (1716). F° F. 3. 1017.

194.—Requeste pour M. de Brancas, Evêque et Comte de Lisieux. Contre les sieurs Abbé, Prieur et Religieux Bénédictins Reformez de la ville de Bernay... Paris. J. Chardon (1719), in-4° de 22 pag. 4° F. 3. 4278 et 19632.

195. — Au Roy et à Nosseigneurs de son Conseil. Sire, Henry-Ignace de Brancas, évêque et comte de Lisieux... S. l. (Paris), imp. P. Prault. 1725, in-f° de 39 pag. f° F. 3. 9949.

196. Mémoire sommaire pour Messire Henry-Ignace de Brancas, évêque et comte de Lisieux, demandeur. En présence de M. Jean Le Prévost, prestre, curé de la paroisse de Sainte-Croix, principale Eglise de Bernay. des Prestres habitués en la même Eglise, et autres Demandeurs... Contre les sieurs Abbé et Religieux Bénédictins de l'Abbaye de Bernay, congrégation de Sant-Maur, Défendeurs. S. l. (Paris), imp. de P. Prault, 1726, (in-f° de 15 f° F. 3. 9948.

197. — Précis de l'instance pendante au Conseil. Entre le sieur Lebas, vicaire perpétuel de Saint-Germain de Lizieux, demandeur en cassation d'un Arrêt du Parlement de Rouen. Et les sieurs Chanoines de Lisieux, curez primitifs de la paroisse de Saint-Germain de Lisieux, défendeurs. S. l. (Paris), imp. d'A. Knapen, 1732, in-f° de 4 pag. f° F. 3. 9091.

198. — Mémoire pour M° Alexis Paris, prétre; Jean, François, Christophe et Adrien Paris, marchands; François Hebert, ayant épousé Demoiselle Françoise Paris; et Olivier Mesnier, ayant épousé demoiselle Louise Paris, aussi marchands de la ville de Lizieux, Demandeurs Contre Jean le Bailly, marchand; Pierre et Guillaume le Bailly; Nicolas le Houx, mari de Louise le Bailly... S. l. (Paris). Imp. de la Veuve d'A. Knapen, 1733, in-f° de 4 pag., f° F. 3. 12301.

199. Mémoire pour demoiselle Marie-Charlotte et Julie-Jeanne de la Planche de Ruillé, fils aîné et principal héritier noble de ses père et mère, Appelant. (de Ruillé chanoine de Lizieux). S. l. (Paris). Imp. de Valeye, 1736, in-f° de 8 pag. f° F 3. 8701.

200. Mémoire pour Messire Charles-Louis Dugard, écuyer, Prêtre, Docteur de la Maison et Société de Navarre... Contre M° François Pleine, Régent septenaire au Collège de Lizieux, demandeur... S. l. (Paris). Imp. de J. Chardon, 1738, in-f° de 20 pag. f° F 3. 5277.

201 Mémoire pour M° Jean-François Playne, professeur septenaire de Rhétorique au Collège de Lizieux, Intimé, Défendeur et Demandeur. Contre M° Louis Paris et M° Joseph Rigoulet, Graduez nommez de l'Université de Paris... S. l. (Paris). Imp. de J.-B. Delespine, 1739, in-f° de 18 pag. avec notes mss. f° F 3. 13555.

202. Mémoire pour la Communauté des Bouchers de la ville de Lisieux, Intervenants et demandeurs. Contre Michel Bordeaux et Guillaume Lhomme, Marchands tanneurs de la ville de Lisieux, Fermiers de la Marque des cuirs de ladite ville, Demandeurs et deffendeurs. S. l. (Paris). Imp. de J. Lamesle, 1744. In-f° de 10 pag. f° F 3. 9946.

203. Mémoire signifié pour M. le duc de Richelieu, propriétaire de la Marque des Cuirs, et autres Droits y joints, dans la ville de Lizieux, Défendeur. Contre Guillaume le Roy, marchand boucher, Défendeur et Demandeur, et la prétendue Communauté des Bouchers de la même ville, Intervenans. S. l. (Paris). Imp. de J.-B. Coignard. 1744, in-f° de 20 pag. f° F. 3, 14293.

204. Mémoire pour la communauté des Marchands Tanneurs de la ville de Lizieux. Contre Michel Bordeaux et Guillaume Lhomme, fermiers de la marque des Cuirs de la même Ville de Lizieux et dépendances. M. le Duc de Richelieu, Intervenant. Et les Bouchers de ladite ville de Lizieux. Paris, P.-G. Simon, Imp., 1745, in-f° de 12 pag. f° F.3, 9947.

205. Sommaire signifié pour Michel Bordeaux, et Guillaume Lhomme, Fermiers de la Marque des Cuirs de la ville de Lisieux et dépendances. Contre les Communautez des Bouchers et tanneurs de la même ville de Lisieux... S. l. (Paris). Imp. de J. Lamesle, 1745, in-f° de 10 p., f° F 3. 1803.

206. Au Roy et à Nosseigneurs de son Conseil. Sire, Ignace de Brancas, Conseiller du Roi en ses Conseils, Evêque Comte de Lizieux, et les héritiers de Nicolas Desclos, fermier des Moulins de l'Evêché de Lizieux. Paris, Imp. de P. Prault, 1758, in-4° de 24 pag. 4° F. 3. 19634.

207. Au Roy et à Nosseigneurs de son Conseil. Sire, Henry-Ignace de Brancas, Evêque-Comte de Lisieux. Paris, P. Prault, 1758, in-4° de 20 pag. 4° F 3. 19633.

208. Mémoire pour J. B. Mesenge, prêtre, bachelier en théologie, né et demeurant à Lisieux. Frappe de Suspense par son Evêque. Paris, 1825, in-8° de 19 pag. 8° F. 3. 2084.

209. Mémoire à consulter et consultation pour la Compagnie du Chemin de fer de Lisieux à Honfleur. Contre la Compagnie fusionnaire du réseau normand. Paris, Imp. de J. Tinterlin (1855), In-4° de 28 pag. 4° F 3. 6443.

210. Mémoire pour dame Louise-Désirée Bremontier, veuve du sieur Aug. Eug. Coté, Demanderesse. Contre MM. Riout et Consort, Défendeurs. (Affaire du mariage Pierre Pollin et Fr. Bence, à Lisieux en 1635). Paris, P. Dupont (1860), in-4° de 23 pag. 4° F 3. 7942.

211. Mémoire pour la Compagnie du Chemin de Fer de l'Ouest. Contre M. Clouard, fabricant de toile près Lisieux. (Paris). Imp. A. Guyot et Scribe. (1863), in-4° de 12 pag 4° F 3. 6564.

212. Mémoire en réponse pour M. Lis, négociant, membre du Conseil Municipal de Lisieux et directeur de la Caisse d'Epargne. Contre M. Fouché, Foulonnier. Paris, imp. V. Goupy (1864), in-4° de 31 pag. 4° F 3. 19628.

213. Note pour MM. les experts pour M. Lis, (de Lisieux). Paris, V. Goupy (1868), in-4° de 12 pag. 4° F 3. 19629.

214. Cour d'Appel de Caen. Etude de M° De-launey, avoué. Le sieur Louis Gouchon, Ma-nufacturier à Lisieux... Contre le sieur Louis-Florentin Granval... Rouen, Imp., Léon Des-hays, 1873, in-4° de 8 pag. 4° F. 3. 14086.

V. PONT-L'ÉVÊQUE

215. Factum, pour Jacques de Breart, Es-cuyer Sieur de la Mothe, et Damoiselle Esther Orieult, sa femme... 9 aoust 1657, et deffen-deurs; Contre Marguerite Hurel, veuve de feu Maistre Jean Train, Advocat au Pont-Levesque en Normandie. S. l. n. d., in-f° de 4 pag. (1657). f° F 3. 2209.

216. Memoire signifié, Pour Anne de La Place, veuve et héritiere de Nicolas Le Car-pentier, Conseiller du Roy, lieutenant en l'Election de Pont-l'Evêque ; tant en son nom, que comme Tutrice de ses enfants mineurs, ayant repris l'Instance au lieu et place du feu Sieur Le Carpentier, Demanderesse en règle-ment de Juges. Contre Jacques-Charles de Heudey de Pomainville, prêtre, Prieur com-mandataire du Prieuré Royal de N. D. de Royal-Pré, se disant de l'Ordre du Val des Choux, sous la règle de Saint Benoit, Diocèse de Li-zieux, Défendeur. Paris, Imp. de P. Prault, 1747, in-f° de 8 pag. f° F 3. 9230.

217. Mémoire pour les sieurs Le Mancel, Ecuyer, et Varin, Notaire Royal à Pont-l'Evê-que, et consorts, héritiers du sieur de Borel, Ecuyer. Contre J.-A. Binette... (Paris), Prault, 1760, in-4° de 21 pag. 4° F 3. 18799.

218. Mémoire pour le Sieur de France, Conseiller du Roy, Receveur des Consigna-tions, Commissaire aux Saisies reelles au Bailliage de Pont-l'Evêque ; et le sieur de France, son fils, Avocat. Contre Jacques-Adrien Binette, Huissier à cheval au Châtelet de Pa-ris. Paris, Imp. de Prault, 1761, in-4° de 16 pag. 4° F 3. 12680.

219. Mémoire pour le Sieur de France, Con-seiller du Roi, Commissaire aux Saisies reelles au Bailliage de Pont l'Evêque ; et le sieur de France, son fils, avocat. Contre la Dame Carré, veuve en premieres nôces du sieur de Beaure-paire... Paris, Imp. de Prault, 1761, in-4° de 15 pag. 4° F 3. 12681.

220. — Extrait de l'Acte d'accusation de Louis-Auguste Londais, âge de 27 ans, né près Pont-l'Evêque (Calvados), suivi de plu-sieurs faits curieux. Evreux. Imp. de veuve Costerousse, (1851) in-f°, plano, f° F. 3. 9979.

221. — Réponse pour M. Alexis Lebon... suc-cession Auger au dernier écrit de M. Jean-Pierre Aubrée, banquier à Pont-l'Evêque, Si-gné : Lebon. (Paris), anc. maison Bénard (1861). in-4° de 45 pag. 4 F. 3. 18223.

222. — Testaments de Monsieur et Madame Aubrée, (de Pont-l'Evêque). Paris, Renou et Maulde 1867, in 4° de 15 pag. 4° F.3. 1066.

223. — Testament de M. Aubrée. Extrait des minutes du greffe du tribunal de 1re ins-tance de l'arrondissement de Pont-l'Evêque (Calvados). (Paris). Renou et Maulde 1868. in-4° de 6 pag. 4° F. 3. 1065.

224. — Extrait du Carnet de Madame Aubrée (de Pont-l'Evêque). Paris. Renou et Maulde (1868), in-4° de 1 pag. 4° F. 3. 1062.

225. — Interrogatoires (Aff. Aubrée de Pont-l'Evêque). Paris. Renou et Maulde (1868), in-4° de 22 pag. 4° F. 3. 1063.

226. — Procuration (Aff. de Ve J.-P. Au-brée). Signé Desportes. (Pont-l'Evêque) (Paris). Renou et Maulde 1868, in-4° de 6 pag. 4° F. 3. 1064.

227. — Bail Degarceaux (Aff. Aubrée) de Pont-l'Evêque. Paris. Renou et Maulde (1868) in-4° de 2 pag. 4° F. 3. 1061.

V. VIRE

228. — Mémoire pour M. Renault Brouard, sieur de La Mothe, Lieutenant Particulier au Balliage de Vire, Demandeur, contre M. Alexandre Auvray, sieur du Buat, Lieutenant général au même Balliage, Défendeur. S. l. n. d. (1663), in-f° de 3 pag. f° F. 3. 14201.

229. — Extrait des Registres de la Cour de Parlement (plusieurs prisonniers dans les pri-sons de Vire). Fait à Rouen, en Parlement le 5 décembre 1681, in-f° plano. f° F 3. 17166.

230. — Factum, pour Me Louis Hellouis, sous-receveur des Aydes en l'élection de Vire, deffendeur, contre Me René Legie cy-devant Receveur des Aides. S. l. n. d. in-4° de 13 pag. (1687) 4° F. 3. 15256.

231. — Abus. Des appellations comme d'Abus interjettées par Maistre Claude de la Broise, Prestre, l'un des officiaux de Bayeux et les Esieux des Eslections de Vire et Condé en Nor-mandie. S. l. n. d. in-4° de 3 pag. (17...) 4° F. 3. 16670.

232. — Sur la Requeste présentée au Roy en son conseil par Jeanne Duhamel, demeurant en la ville de Vire. S. l. n. d. in-4° de 11 pag. (170.). 4° F. 3. 10822.

233. — Mémoire pour Maitre Philbert Ro-jot, Huissier au Parlement de Paris. Deman-deur en cassation. Contre Antoine Tournemine, Marchand forain à Montirande en Champagne, Défendeur. (Guillaume du Bourg sieur de Beaucoudray. Receveur des Tailles de Vire) S. l. (Paris) Imp. de P. G. le Mercier. 1726. iu-f° de 10 pag. f° F. 3. 14564.

234. Mémoire pour le Sieur Jacques Ma-bire, Michel Marie, Henry Le Moutier et Jean Lanon, Gardes-Jurez en charge, de la Manu-facture de la Draperie de la ville de Vire. Contre le sieur Raulin le Grain, Marchand Drapier de la même ville. S. l. (Paris) Imp. de la Ve A. Knapen, 1737, in-f° de 8 pag. f° F. 3. 10284.

235 — Mémoire signifié pour Michel Marie,

Juré-Priseur-Vendeur de Meubles en l'élection de Vire, Généralité de Caen Contre Gilles. Delaunay Du Fondrey (Paris) Imp. de Knapen, 1751, in-4° de 8 pag. 4° F. 3. 20704.

236. — Précis et consultation, pour la Dame de Surirey; Contre le sieur Surirey, son mari, Négociant de Vire, en Normandie (Paris) Imp. de Prault (1786), in-4° de 19 pag. 4° F. 3. 30608.

237. — Mémoire à consulter et consultation. (Saisis le 26 avril 1788, chez le sieur Dubois) (chiffres et pillots, moulins dans la vallée des Vaux (près Vire) Saint-Malo. Imp. de L. Hovius 1788, in-4° de 9 pag. 4° F. 10373.

www.ingramcontent.com/pod-product-compliance
Lightning Source LLC
Chambersburg PA
CBHW060724280326
41933CB00013B/2554